Francisco do Espírito Santo Neto
ditado por **Lourdes Catherine e Batuíra**

Orvalho da Manhã

Frases que proporcionam uma melhor convivência

Os pensamentos
foram extraídos do livr

Dados Internacionais de Catalogação na Publicação (CIP)
(Câmara Brasileira do Livro, SP, Brasil)

Lourdes Catherine (Espírito) .
 Orvalho da manhã : frases que proporcionam uma
melhor convivência / ditado por Lourdes Catherine
e Batuíra ; [psicografado por] Francisco do
Espírito Santo Neto. -- Catanduva, SP : Boa Nova
Editora, 2005. -- (Fonte de inspiração ; v. 6)

 ISBN 85-86470-40-6

 1. Espiritismo 2. Máximas 3. Meditações
4. Psicografia I. Batuíra. II. Espírito Santo Neto,
Francisco do. III. Título. IV. Série.

05-6743   CDD-133.93

Índices para catálogo sistemático:
1. Mensagens psicografadas : Espiritismo 133.93

Impresso no Brasil/*Presita en Brazilo*

Francisco do Espírito Santo Neto
ditado por **Lourdes Catherine e Batuíra**

Orvalho da Manhã

Frases que proporcionam uma melhor convivência

Instituto Beneficente Boa Nova
Entidade coligada à Sociedade Espírita Boa Nova
Av. Porto Ferreira, 1.031
Catanduva/SP | CEP 15809-020
www.boanova.net | boanova@boanova.net
Fone: (17) 3531-4444

3ª edição
100 exemplares
Do 10.200º ao 10.300º milheiro
Junho/2024

© 2005-2024 by Boa Nova Editora.

Capa
Direção de arte
Francisco do Espírito Santo Neto
Designer
Cristina Fanhani Meira

Revisão
Paulo César de Camargo Lara

Editoração eletrônica
Cristina Fanhani Meira

Impressão
Renovagraf

Todos os direitos estão reservados.
Nenhuma parte desta obra pode ser reproduzida
ou transmitida por qualquer forma e/ou quaisquer
meios (eletrônico ou mecânico, incluindo fotocópia
e gravação) ou arquivada em qualquer sistema ou
banco de dados sem permissão escrita da Editora.

O produto da venda desta obra é destinado à
manutenção das atividades assistenciais da
Sociedade Espírita Boa Nova, de Catanduva, SP.

Nota do Médium

Estes livros* são uma verdadeira coletânea - um conjunto de trechos selecionados carinhosamente de diferentes obras pertencentes aos espíritos Hammed, Batuíra e Lourdes Catherine.

Não foram elaborados com a intenção de se tornarem um manual completo ou guia prático no qual poderemos encontrar de imediato o caminho da felicidade, mas simplesmente sugestões e estímulos que nos levem ao "ato de pensar". O hábito de pensar ajuda a evitar a imprudência, a leviandade de julgamentos, a impulsividade na conduta e a precipitação em dar opiniões ou de formar conceitos diante dos vários temas que a existência nos apresenta.

Certa ocasião, um Protetor Espiritual

* **Nota da Editora:** o médium se refere à coleção dos livros: "Sol do amanhecer", "Espelho d'água", "Além do horizonte", "Folhas de Outono", "Águas da Fonte" e "Orvalho da Manhã".

dirigiu-se a mim dizendo: "Nunca crie qualquer tipo de expectativas com as tarefas que você irá realizar, mas sim, procure dar do seu melhor e cumprir sinceramente seu propósito de servir na propagação do Bem Maior. A nós compete semear e esperar que o campo onde foi lançada a semente esteja propício à semeadura". Eis aí a intencionalidade, a proposta em confeccionar estes pequenos livros de bolso.

Estes benfeitores, aqui assinalados, esclarecidos pelo poder de ação do Cristo, têm sido para mim não apenas professores lúcidos e lógicos, mas, igualmente, amigos compreensivos e solidários. Tenho recebido deles inúmeras lições que me fazem refletir sobre meus pontos fracos, minha vulnerabilidade. Eles têm me conduzido com paciência a uma maior reflexão sobre mim mesmo, suas idéias, conceitos e orientações ajudam-me a entender a força do significado da minha vida interna na vida externa.

Por último, quero deixar aqui bem clara a minha finalidade ao repassar estas páginas aos leitores: se todos esses conjuntos de idéias, citações e ensinamentos sensatos e prudentes me foram úteis e benéficos, por que não passá-los adiante. Porém, sem qualquer pretensão de minha parte, deixo a devida avaliação ou estimativa nas mãos daqueles que por ventura tomarem contato com os conteúdos destes pequenos livros de pensamentos expressos através de máximas.

Francisco do Espírito Santo Neto
Catanduva, Agosto de 2005

Lourdes Catherine

*D*evemos reaproveitar a realidade dos outros como "pontes", contentando-nos, porém, com nossa própria realidade. Não se pode reter ou guardar nada daquilo que não tenha vindo de nossas vias inspirativas.

A meta mais fácil do mundo para se alcançar é ser como somos. A mais difícil é ser como as outras pessoas gostariam que fôssemos.

Vale esperar os terremotos do coração se acalmarem para você refletir melhor e, logo após, abrir as vidraças da alma e deixar o aroma do bom senso entrar.

✧

Talvez você precise compreender seus direitos e cuidar mais de si mesma. Não adianta banhar de prantos a face; desenvolva a auto-estima e terá uma nova visão de seu problema familiar.

A raiz de suas decepções é a necessidade absurda de como você e os outros deveriam ser, e de como deveriam tratá-lo. Leve em consideração seu mundo interior e se livre dessas falsas necessidades.

Jamais você sentiria tão grande solidão e abandono se não vivesse, imprudentemente, dependendo tanto dos outros.

Na sua existência faça aquilo que há de melhor em você e entregue o produto de seu trabalho nas mãos dAquele que sabe o que fazer com esse resultado.

⚜

O narcisismo dos pais é uma fascinação por si mesmos refletida nos filhos. Sou especial e, portanto, devo tratar e proteger meu filho especialmente.

$\mathcal{P}$ossessividade é um estranho amor que machuca a alma com rudeza. Da vida tira a alegria e dos olhos muito pranto.

$\mathcal{E}$ preciso entender que perdoar não significa aceitar a brutalidade de alguém. Perdoar, em muitas ocasiões, quer dizer simplesmente: tomar uma atitude.

𝓕elicidade é o resultado da maneira pela qual vivenciamos aquilo que somos.

ᴄ

𝓐 doença seria evitável se você pudesse perceber os erros que está perpetuando. Podem ser desta ou de outras existências. Problemas de saúde não são punições, mas atitudes negativas que você não modifica e que atraem sempre novos problemas.

$\mathcal{A}$ vida a dois não é nenhum mar de rosas, e seria bom levar como lembrete que, em se tratando de relacionamentos afetivos, nunca há respostas genéricas ou semelhantes para um amor não correspondido.

$\mathcal{V}$

$\mathcal{T}$ranqüilize-se. A noite espera o dia, a árvore o fruto; espere a paz entre as plantações do amor.

*N*ão se cresce intimamente sufocando a espontaneidade, as energias inatas ou adotando um comportamento social de intolerância mesclado a uma aparência santificante. Renovação íntima planejada e imposta não transforma, somente artificializa.

*T*udo que nos acontece é uma mensagem da Vida Mais Alta tentando equilibrar nosso mundo interior.

Vale lembrar: para que exista um relacionamento de fato, é necessário que ambos o desejem.

As rivalidades começam, em muitas circunstâncias, quando admiramos alguém e não conseguimos ser como ele. A discórdia inicia-se não por causa da antipatia, mas porque essa pessoa é um espelho onde vemos o que gostaríamos de ser e não somos.

*F*icamos mais ansiosos para dar respostas, de acordo com aquilo que imaginamos, do que orientar pura e simplesmente, levando as pessoas a lançar mão de seu potencial e a resolver, elas próprias, suas dificuldades.

*A*s maiores oportunidades de aprendizagem surgem em nossa vida disfarçadas em desafios e dificuldades.

Não importa se as pessoas acreditam ou não em Deus. O fato de não O amarem ou de terem conceitos diferentes a respeito dEle, em nada altera a Sagrada Realidade em nós.

Apenas ouça. Na maioria das vezes, uma atenção silenciosa tem maior poder de consolo e cura do que mil palavras bem intencionadas.

𝒪lhando para dentro de si mesmo e analisando sua essência divina, que nunca falha nem se altera, você encontrará realmente a verdadeira alegria de viver.

𝒫ara que de fato possamos abrir o coração e orientar com eficiência, precisamos, antes de tudo, aprender a arte de bem ouvir.

Quanto mais crer em sua "voz do coração", tanto mais nitidamente ela falará com você.

A maioria das pessoas que se proclamam religiosas costumam afirmar categoricamente que a felicidade encontra-se apenas em Deus. Esquecem-se, porém, de que o Todo-Poderoso habita em tudo, inclusive nelas mesmas. Então, por que não começar a procurá-la em sua própria intimidade?

Os dominadores são aqueles que não conseguem sentir-se valorizados como pessoa, a não ser quando estão dominando os outros.

༄

Não se faça de fraca e impotente; retire de seus olhos a angústia e a aflição. Você pode transformar esse processo doloroso em fator saudável de crescimento e progresso.

Quanto mais sufocar sua essência, mais aumentará sua timidez. Uma pessoa autêntica é espontânea, por isso cativa muito mais do que se usasse diversas artimanhas.

Na cidade da vida, quando pensamos estar subindo a rua da felicidade, às vezes podemos estar descendo a ladeira da decepção.

$\mathcal{Q}$uem é livre realmente não pretende ser mestre de ninguém. Descobriu que não é tão pequeno quanto pensou, nem tão admirável quanto gostaria de ser. Simplesmente resgatou a idéia de que é a principal autoridade em seu mundo íntimo, e não no mundo dos outros.

∽

$\mathcal{P}$ara cada conduta ou atitude errada a natureza solicita uma contra-ação que a equilibre.

Quem faz a sua parte e deposita nas mãos de Deus todas as suas dificuldades alcança a tão almejada tranqüilidade.

Certas necessidades criadas artificialmente se revestem de uma aparente sensação de glória ou triunfo, nascidas só para compensar a vaidade e o orgulho, mas nunca conseguem atender ao verdadeiro coroamento da vida interior.

*N*unca queira ser mais nem se sinta menos que os outros. Você é tímida porque não reconhece seus verdadeiros valores nem aceita suas limitações.

*T*enha como ponto pacífico a condição humana e encontre o lado positivo em todas as ocorrências e situações que a vida lhe apresentar.

Quando manipulamos o outro, atraímos para nós sua vida. Ele passará a fazer parte de nosso destino, com todos os seus problemas e necessidades.

Não basta mudar um mau comportamento irrefletidamente; é preciso mudar a causa que provoca esse comportamento. Apenas assim poderá efetuar uma autêntica mudança.

Seu "calcanhar de Aquiles" são seus pontos vulneráveis – áreas de seu psiquismo suscetíveis ao desequilíbrio, bloqueadores do desenvolvimento de sua paz interior.

❧

Constitui o mais elevado grau de religiosidade a certezade que Ele está em mim, e eu estou nEle.

Somente através de crescente conscientização de suas concepções errôneas, ou de falsas soluções, é que poderá atingir o entendimento exato de seu sistema de causa e efeito.

O ser humano torna-se original apenas quando percebe o toque da inspiração divina em si mesmo.

A maneira mais segura de você não ser ludibriado pelos espíritos desencarnados e também (por que não dizer?) pelos encarnados, é não usar o senso comum, mas seu senso interior.

*S*omos responsáveis tanto pela nossa felicidade quanto pela nossa infelicidade.

𝒜 alma humana pode ser comparada a um candelabro: acesas as chamas da verdade, dissipam-se as sombras da ilusão.

⁓

𝒪 que hoje se entende de uma maneira amanhã sofrerá mudança e aperfeiçoamento e se compreenderá de outra forma. Em face do avanço das ciências e das idéias, tudo se retifica continuamente.

$\mathcal{P}$ara que possamos identificar aquilo que é genuinamente nosso sentimento, idéia, pensamento e emoção, é preciso antes conhecer e compreender bem nosso mundo interior.

∞

$\mathcal{O}$ homem livre não precisa dominar outras criaturas, porquanto a liberdade é um sentimento oposto ao desejo de mando.

Sensibilidade mediúnica é uma "harpa silenciosa" criada pelo sopro divino para sonorizar as melodias da criatividade e da evolução espiritual.

⁂

Os Espíritos Superiores não impõem normas de conduta a ninguém. Eles têm um enorme respeito pelo livre-arbítrio de cada um.

Os objetos exteriores nos estimulam à ação de formular idéias ou ativar o raciocínio, mas o que se percebe não se encontra nos objetos, e sim na mente de quem os interpreta.

Ninguém pode procurar nos outros um recado que está dentro de si.

*H*á homens presunçosos que se acreditam geniais; a vaidade é uma paixão muito exigente.

*A*s enfermidades são corretivos que destacam ensinos inadiáveis que, de outra forma, não aprenderia tão facilmente. Elas jamais deixarão de existir até que essas lições sejam totalmente assimiladas.

A qualidade da percepção não se acha nas coisas que vemos, mas, proporcionalmente, no desenvolvimento espiritual do indivíduo que examina.

❥

O sintoma de sua patologia é uma espécie de orientador que o ajudará a tomar cada vez mais consciência de si próprio.

𝒫roblemas são considerados desafios da vida promovendo o desenvolvimento interior.

𝒫ara crescer e progredir espiritualmente não é preciso fazer nada fora do comum. Não é necessário executar coisas extraordinárias, mas simplesmente viver ou cumprir a normalidade da condição humana.

Quando você estiver com a consciência desperta, notará com facilidade em todos os acontecimentos um roteiro ou um ensinamento de vida.

Esse sofrimento cravado em sua alma são posturas em desalinho conservadas há muito tempo. São "retalhos" de ilusão que você colecionou na "colcha" de seu destino.

𝒟esfaça a necessidade de querer dos outros o que deve providenciar por si mesmo.

𝒫or mais desafortunado que você esteja, vivendo em obscuridade aparentemente irreparável, recorde o fato de que a luz e a noite fazem parte da vida e que existimos interdependentemente.

*N*ão menospreze as opiniões e os sentimentos de seus familiares, nem exija-lhes obediência absoluta. Respeite a individualidade de cada um e oriente seus parentes queridos com compreensão, sem usar mãos imperiosas.

✧

*S*e você quer uma psicosfera saudável, modifique suas atitudes íntimas; assim alcançará a cura definitiva.

$\mathcal{N}$ossa forma de ver é uma riqueza que não se vende nem se compra, mas se conquista.

$\mathcal{V}$

$\mathcal{A}$ questão é que você não quer aprender, mas unicamente livrar-se dos problemas, sem esforço e de forma milagrosa. Você quer prêmios e concessões divinas na prática de ações bondosas, não equilíbrio e entendimento.

O caminho do conhecimento de si mesmo amplia a mente, desenvolve a razão e proporciona uma inteligência lúcida, retirando a consciência da alienação em que vive.

ᠽ

A decisão correta deve ser a experimental, não a definitiva. Isso não quer dizer que deva ser inconstante, mas maleável.

$\mathcal{D}$oença é o produto final de um distúrbio profundo, ou mesmo estágio derradeiro de forças intrínsecas, desde há muito em atividade, que se corporificam no veículo físico.

$\mathcal{S}$e você pudesse perceber por si próprio os erros que está cometendo e corrigi-los, não haveria necessidade de atravessar rigorosas lições de sofrimento.

Se você fixa os olhos na perfeição, provavelmente nunca fará as coisas de maneira natural e tranqüila.

Sua vinda a este Planeta tem como objetivo um aprendizado constante. Você está se descobrindo por meio de inéditas experiências, e é natural sua vacilação e insegurança.

$\mathscr{A}$ mesma flor que hoje você recolheu do jardim lhe sorri exuberante; amanhã, porém, estará sem viço e expirando. Tomemos cuidado com as aprovações; elas podem ser retiradas a qualquer momento.

$\mathscr{N}$ em as tempestades nem a escuridão são más. Como apreciar as estrelas se não houver noites escuras?

Através da análise de suas decisões erradas é que você ficará mais apto para agir acertadamente em suas próximas atitudes.

⁂

Não deseje ser um centro das atenções, mas dê atenção à energia divina, que lhe dá força e segurança. O egocentrismo dispersa sua vitalidade e o afasta da realização de sua jornada interior.

Sua visão interna deve estar receptiva para que veja em cada dia uma nova oportunidade para refazer atitudes e melhorar sua qualidade de vida.

Aprenda a correr riscos, assuma a condição de criatura humana e se desligue do fervor pela perfeição presunçosa.

$\mathcal{O}$ narcisista supervaloriza seu próprio mundo e acredita que o mundo do outro é dele. É incapaz de afastar-se de sua imagem, ficando completamente perdido na contemplação de si mesmo.

༞

$\mathcal{E}$nquanto você não assumir a responsabilidade por tudo o que lhe está acontecendo, não encontrará a verdadeira cura para sua alma.

𝓐 relação da Divina Providência com o ser humano é semelhante a uma mãe embalando o filho nos braços. Ela sorri, fala, canta para ele, sussurra-lhe mil palavras ao ouvido, envia-lhe inúmeras mensagens através dos gestos e da tonalidade da voz. Assim também se processa o diálogo do Criador com suas criaturas.

⁓

𝓞 desrespeito é a verdadeira sepultura do discernimento do homem.

Não se deve criar um mundo de explicações falsas, culpando os espíritos pela infelicidade e desarmonia vivenciadas. Isso pode distorcer o real sentido dos acontecimentos.

Lembre-se de que as mudanças devem ser feitas naturalmente, sem forçá-las; devem representar um ato espontâneo, devem ser desejadas.

$\mathcal{O}$ amor não contabiliza as fragilidades do outro, mas, com toda a certeza, não é abusivo. Por princípio íntimo, não se deve viver de autopiedade.

$\mathcal{A}$ceitar a total responsabilidade por sua vida é a forma mais fácil de resolver dificuldades íntimas, mas certamente é uma tarefa que não se realiza da noite para o dia.

Não existe fatalidade em sua vida, apenas atração e repulsão, conforme sua afinidade.

O Espiritismo não vê diferença entre um filho consangüíneo e um adotado. Ambos são transitórios. Não importa por qual meio os filhos vieram, o fundamental são as aprendizagens que eles vivenciam ou o que assimilam durante sua permanência na família terrena.

Na vida estamos tecendo uma malha existencial. A cada nova situação se interligam os fios que começamos a utilizar nas experiências anteriores.

Sua memória é o registro fiel de tudo quanto ocorreu com você através dos tempos, tanto no corpo físico como fora dele. Você cria a própria realidade com sua mente.

Os verdadeiros líderes aprenderam a ouvir para auxiliar, sem a presunção de resolver.

⁂

Há coisas da vida que não se pode e também não se quer "engolir". A ingestão compulsória pode causar uma sensação de estrangulamento e muitas horas de amargura. Existem questões que ficam engasgadas - verdadeiros "nós" na garganta.

𝒫ermanecer como ser humano é uma das fases que o Criador destinou suas criaturas a viver. Recusar ser o que se é, ou mesmo, não viver essa etapa existencial seria o mesmo que negar os sábios propósitos da Providência Divina.

𝒫essoas rígidas não conseguem conviver com a possibilidade de ter dúvidas. Precisam resolver tudo rapidamente.

$\mathcal{S}$er caridoso com o intuito de conseguir uma bênção não é bondade. Cumprir os preceitos da benevolência por temor ao castigo não é a concreta prática do bem.

ᴧ

$\mathcal{A}$ paz se exterioriza nos olhos de quem aprendeu a arte de ser sincero consigo mesmo. A serenidade interior é conquista de quem possui autolealdade.

Confie em si mesmo, confie em Deus. Apenas Ele maneja os fios invisíveis e infinitos de toda existência humana.

A Natureza refuta a igualdade. Jamais foram encontradas duas flores idênticas; as semelhantes se modificam com o passar do tempo. Até as folhas de uma mesma árvore são desiguais, assim como variável é cada amanhecer.

A criatura religiosa pode não ser necessariamente espiritualizada. Porque muitas religiões são verdadeiros catálogos de modelos e regras que dizem como se deve viver ou se comportar.

*N*ão se preocupe com o que os outros pensam de você. Busque alimento em sua essência divina; isso é o que verdadeiramente importa.

Os que aprenderam a amar realmente olham para além das aparências e das limitações corpóreas e buscam o conhecimento da verdade, o qual muitos nem se preocuparam ainda em procurar.

No concerto universal, do qual partilhamos, a parceria é muito maior do que pensamos, e cada criatura precisa tomar ciência dessa integração.

$\mathcal{O}$ importante não é a "etiqueta" que usamos, mas é o que faço "da" vida, "com" a vida e "pela" vida.

$\mathcal{H}$á almas que vivem relacionamentos fictícios – baseados em uma imagem que retrata o que gostaria que o outro fosse – sem perceberem que estão dando os primeiros passos em direção à ruína afetiva.

𝒪 amor não conduz à tolice ou à ingenuidade, nem induz a uma alegria artificial e a uma credulidade excessiva. Na dependência só se vêem qualidades, nunca se enxergam os defeitos. Isso a humanidade classifica como "amor cego" ou "paixão".

𝒞onfie em sua sabedoria interior; só você pode decidir o que é certo para si mesmo.

*E*mbora a enfermidade pareça tão cruel, não deverá ser analisada como tal; mas, se interpretada de forma correta, a guiará à supressão de crenças, pensamentos e atitudes incoerentes - autêntica origem de suas doenças.

*S*entindo amor e respeito por si mesmo, sentirá igualmente respeito e amor por quem está a seu lado.

Quem mais agrada ao Senhor não é aquele que dá o pão de trigo, mas aquele que dá o pão do amor.

೨ೕ

É possível ser feliz? Obviamente que sim, porém não se esqueça de que quanto mais você se respeitar, mais sua felicidade dependerá de você e menos dos outros, apesar dos murmúrios irônicos e da incompreensão das pessoas.

𝒜s dores aparecem como último recurso a ser aplicado. Elas apenas solicitam-lhe transformação interior.

ᴧC

𝒜s crianças são muito sensíveis às energias do ambiente doméstico. Quando elas manifestam dificuldades e problemas, na maioria das vezes estão apenas refletindo os comportamentos familiares.

Quem tem olhos sensíveis e lúcidos enxerga nas ações humanas, mesmo nas que pareçam más, alguns valores positivos, e identificam nos erros oportunidades de crescimento.

A existência é um jogo de luzes e sombras, e para a criatura desperta tudo é utilidade e contribuição, cooperando com seu aprendizado evolutivo.

Você não pode culpar os outros por suas emoções e sensações, sob pena de nada aprender sobre si mesmo.

℃

Quem delimita sua aptidão para amar assemelha-se à fumaça, que a tudo sufoca em seu derredor. Somente depois, quando é dissipada pelo ar, é que se avalia o mal que a asfixia causou.

Muitas pessoas não comandam a própria força mental, tornando-se prisioneiras de si mesmas. É como se, distraídas no último vagão de um trem, não se importassem com o maquinista.

~

A auto-responsabilidade e o significado verdadeiro das coisas submetem-se mutuamente; são itens existenciais inseparáveis.

Quando você já tiver feito tudo o que estava a seu alcance, então deverá ficar ou partir. Não se deve esperar dos outros aquilo que unicamente você mesmo pode se dar.

O que os demais acham é unicamente o entendimento deles. Viver dependendo de como os outros analisam nossa vida é viver em uma insegurança constante.

Certos pais não transmitem a necessária confiança e apoio a seus filhos, pois não reconhecem nem respeitam sua individualidade.

૨൦

O amor verdadeiro é direcionado para a capacidade de guiar o outro ao crescimento pessoal; em outras palavras, para um processo de transformação incessante rumo a um entendimento maior.

*M*odifique essa sua atitude; excesso de zelo prejudica ao invés de beneficiar.

✿

*V*ocê fica ruborizada porque ninguém consegue controlar o corpo por completo. O corpo não mente. Mesmo que você procure esconder seus verdadeiros sentimentos por meio de atitudes artificiais, a expressão corporal denunciará sua impostura.

Narciso, na verdade, não estava enamorado de si mesmo, mas de sua imagem. O processo ocorre de maneira idêntica nos pais narcisistas. Para eles o filho é sua própria imagem projetada.

O que é o carma senão respostas da vida a seus atos e atitudes. Não existe fatalidade, uma vez que Deus dá o livre-arbítrio a todas as suas criaturas.

A criança, à medida que se vai tornando adulta, não precisa tanto das mães para suprirem suas necessidades corriqueiras; mas carecem de sua presença colaboradora e amiga a seu lado.

૨૮

Dizer sim quando se quer dizer não é desvalorizar seus sentimentos. Se seus limites forem ignorados pelos outros, provavelmente eles não irão respeitá-lo.

Não se pode reformar o mundo, apenas reformar o próprio mundo individual.

Para aprendermos o que é nosso, é necessário olhar para dentro de nós mesmos, com toda a clareza que pudermos, além do corpo somático, abstraindo-nos das idéias preconcebidas, dos sentidos externos e dos papéis que representamos na vida.

Quem vive num baixo nível de consciência tem uma visão primária e muito acanhada das pessoas e dos acontecimentos. Diferentes pessoas, num mesmo ambiente, podem perceber o mesmo fato de maneira divergente, e até mesmo antagônica.

Toda timidez é formada pelo desejo de agradar e pelo medo de não o conseguir. É produto do orgulho e não da modéstia.

Moléstias aparentemente inexplicáveis são decorrências do grande acúmulo de vibrações negativas no transcorrer do tempo.

Mediunidade são pupilas invisíveis para vermos e admirarmos os espetáculos ocultos do Universo. É ver sem valer-se dos olhos, é saber antes de tomar conhecimento dos fatos.

*S*omente aquele que descobriu o seu dever na Terra é que pode ser libertado da cruz da causa e efeito, à qual a ignorância de si mesmo o pregou.

ᴄ

O líder nato é original, ou seja, é ele mesmo; não copia ninguém. Não se limita a seguir caminhos já percorridos; tem a capacidade de elaborar concepções novas e encontrar soluções inéditas para antigos problemas.

Batuira

Tanto a perfeição plena como a imperfeição total não existem na esfera de ação em que progredimos.

Devemos saber observar as experiências dos outros sem qualquer intenção de investigar a vida deles; mas retirar o máximo de entendimento com a vivência alheia, com o objetivo de abrir horizontes mais vastos no próprio mundo interior.

Mentes sadias impregnam de aromas agradáveis os recintos ou os santuários, consolidando condições climáticas que criarão bem estar e alegria de viver. Nós é que construímos nosso domicílio do bem ou do mal, conforme a projeção de nossos pensamentos.

Curar por curar, sem que o doente nada aprenda ou nada evolua, não se ajusta aos propósitos do Cristianismo Redivivo.

É hábito comum da sociedade aderir muito mais ao rigor do convencionalismo do que se ligar às novidades elaboradas pelas revoluções sociais e morais. Os seres humanos têm medo inato do desconhecido.

ᒼ

É imperioso valorizarmos tanto a escassez como a abundância, tanto o erro como o acerto, pois sempre é possível aprender alguma coisa em qualquer situação.

É muito difícil ser produtivo quando estamos constantemente preocupados com o que os outros estão falando ou julgando de nossa atuação e capacidade.

Os pseudo-sábios usam uma linguagem presunçosa, procuram demonstrar um enorme conhecimento e nunca confessam sua ignorância sobre aquilo que desconhecem.

Se o Mestre Querido não conseguiu agradar a todos, quem somos nós para querer atingir tamanho objetivo? Não será pretensão de nossa parte?

⚜

Quem orienta não julga, não decide, não conclui em definitivo, não determina os passos dos outros; unicamente presta assistência doutrinária com base no entendimento das leis de Deus.

É interessante notar que aprendemos a escrever, falar e ler, mas quase nunca nos ensinaram a ouvir corretamente as verdadeiras intenções que envolvem as palavras.

Os verdadeiros líderes iluminam o lado positivo de seus liderados, revelando o que neles existe de bom e incentivando-os ao crescimento.

A morada da alma permanece localizada na fonte abundante de seus próprios pensamentos, pois cada um de nós vive nas dimensões do entendimento e na altura da visão espiritual que já conquistou.

*Q*uerer que o mundo melhore em seu redor, sem nada alterar em seu mundo mental, é devaneio.

Quem vive fascinado pelas situações de evidência nunca viverá para si e não cumprirá sua empreitada de luz, ficando somente à espera de ser realçado pelos outros.

Nas searas de ação no bem, não conduzamos os trabalhadores ao redil da mesmice, mas sim às atividades da messe generosa da criatividade e do progresso interior.

A melhor orientação a ser dada é aquela que ajuda nossos irmãos a ver, avaliar e ponderar por si mesmos, no santuário do próprio coração, qual o caminho a seguir ou a opção a escolher, recordando que apenas Deus sabe de tudo em todos.

ᒐ

O sábio aprendeu que o êxito do hoje muitas vezes foi a ruína do ontem, e onde vacilamos agora, amanhã deslancharemos.

$\mathcal{O}$ companheiro que se limita ao conhecimento ou à instrução é comparável às belas árvores que se vestem de flores, mas que nunca frutificam.

※

$\mathcal{N}$ão podemos esquecer que os costumes são instrumentos importantes e determinantes na evolução, porém só quando inspirados do fluxo da Vida Superior. Existe o lado útil das convenções, mas é preciso identificá-lo.

Quando falamos, revelamos o nosso interior, não só pelas palavras que utilizamos mas também pelos gestos, pela inflexão ou entonação da voz.

ᴄ

Devemos criar na instituição uma atmosfera de encorajamento e interesse pelo estudo das obras de Kardec e de outras tantas que atualizam e fortificam as idéias espíritas, propiciando o germe do bem.

Quem dirige nunca agrada a todos.

※

Não podemos negar à juventude os encargos de responsabilidade na área mediúnica, na coordenação interna, no serviço de divulgação doutrinária, na assistência social, alegando que ela é demasiadamente arrojada. Ao contrário, é preciso aproveitar os jovens em cargos em que possam demonstrar seus valores.

*E*scutar é simplesmente manter um diálogo convencional, passageiro e corriqueiro; ouvir, porém, é embrenhar-se na troca de alma para alma, em que a essência realmente age com sintonia e inspiração.

É imprescindível vigiar a palavra, porque o verbo claro renova, modifica, cria e revigora, não só quem o emite, mas também quem o recebe.

Há quem acredite que um grupo apenas floresce quando as cabeças pensam de forma idêntica. A prática tem demonstrado o contrário: companheiros de índole e habilidades diferenciadas obtêm resultados surpreendentes nas tomadas de decisões.

Jesus ouvia espiritualmente as situações; portanto, auxiliava sem ofender, esclarecia sem ferir, ensinava sem exigir.

O elogio é bom quando sai das profundezas da alma; entretanto, quando destituído de naturalidade, pode se transformar em bajulação.

༺

Os aprendizes do Evangelho não se desenvolvem num clima de servilismo patético, ou seja, não devem ser conduzidos como ovelhas incapazes e inertes, ao som impositivo de um estalido da chibata.

A rebeldia está submetida às forças educadoras da Providência Divina, razão pela qual ninguém precisa forçar ou literalmente "conduzir" os outros ao caminho certo; no momento exato, as leis naturais farão isso.

Quando temos um propósito inabalável e uma consciência tranqüila, podemos nos proporcionar o direito de ignorar aplausos e acusações indébitas.

$\mathcal{O}$ Nazareno não conquistou as multidões que O seguiam sendo prepotente ou desinteressado de suas necessidades. Ele ouviu apelos e respeitou a individualidade das criaturas.

$\mathcal{N}$ão podemos esquecer que, onde o mais experiente hesita ao recordar o evento mal sucedido, o mais moço lança-se com grande animação à conquista de novos empreendimentos.

As ovelhas do rebanho do Senhor são convocadas ao aperfeiçoamento de seus sentidos interiores, para que possam por si mesmas perceber e interpretar, onde estiverem, a voz do comando amoroso do Bom Pastor.

Uma casa espírita muito autoritária, onde a mensagem é "obedeça a tudo que o mandam fazer", não traz motivação aos seus cooperadores.

Necessária e valiosa é a comida e a vestimenta para acalmar os sentidos fisiológicos; no entanto, magnífico e excelso é o suprimento que atende às necessidades do espírito imortal.

༄

Tarefas devem ser distribuídas e às vezes até redistribuídas, para que cada cooperador possa exercer a função com a qual tenha mais afinidade.

O condutor não poderá olvidar que não ficará melhor nem pior com as condecorações da aprovação ou com os gestos da censura e reprovação dos outros. Continuará sendo ele mesmo, com seu modo de atuar e com suas possibilidades naturais de sustentar a obra.

*A*nte desavenças e dissensões, o tempo sempre será o mais salutar dos remédios.

Quando operamos em equipe e obtemos sucesso, devemos considerar-nos dignos de comemorar a vitória. Essas comemorações não devem ser suprimidas e proibidas, mesmo quando criaturas inescrupulosas as denominem de atitudes orgulhosas ou de elogios egoísticos.

O belo e o feio, o formoso e o disforme habitaram, antes de tudo, na intimidade de quem os produziu.

A energia irradiada da mente envolve não apenas as obras intelectuais, mas, igualmente, as edificações materiais.

A Doutrina proclama como primordial a educação das almas, e não apenas e simplesmente a sustentação do corpo, que é perecível. Para este o prato de sopa é muito bem-vindo, sem dúvida, mas a alma aspira ao verdadeiro pão da vida.

O maior desrespeito para com um companheiro de jornada está na tentativa de o constranger aos nossos pontos de vista, sem considerar o que ele pensa, quer ou necessita.

⁂

O objetivo é compreender e valorizar o ser humano, para que ele, por si só, consiga superar seus problemas atuais, além dos outros que fatalmente surgirão no amanhã.

Quando se permite espontaneidade e certa dose de autoexpressão aos seareiros, eles se sentirão encorajados a manifestar o conjunto das coisas indispensáveis à manutenção de seu bom ânimo.

De acordo com a feliz expressão do apóstolo Paulo, não somos convocados "para agradar a homens", mas sim para atender "à vontade de Deus".

*Ê*xito e derrota são duas bandejas que retêm matérias-primas diferentes, mas que nos conduzem ao mesmo legado sublime – o aprendizado.

O Centro Espírita Cristão é Educandário de Luz - favorece o raciocínio lógico aliado ao bom senso, bem como o enobrecimento da intelectualidade, proporcionando às mentes o conhecimento superior.

Quando doamos nossa boa vontade e nossa melhor intenção e fracassamos, imediatamente devemos nos perguntar: o que a Divina Providência está me ensinando?

Na presença de tempestades e aflições, de ventanias e fracassos, trabalhemos servindo sempre, porque em todo tempo ou em qualquer situação a atitude certa é a positividade.

Não é fácil rasgar os véus que restringem a alma que busca a renovação; sem mudança ou renascimento, não haverá possibilidade de evolução espiritual.

ᗪ

O Centro Espírita Cristão é Farmácia da Alma - promove a cura aos doentes do corpo, mas estabelece, acima de tudo, as metas para não mais adoecerem, revigorando-os com os ensinamentos espirituais.

Os que fazem policiamento da vida do próximo descuidam de sua conquista espiritual, que lhes cabe exclusivamente realizar.

૨૮

$\mathcal{A}$ forma de expressão dos Espíritos Iluminados é inconfundível. Utilizam um estilo conciso, sem excluir a poesia das idéias e de expressões, eles têm a arte de dizer muitas coisas com poucas palavras. O que poderia melhor definir o Sermão do Monte?

Quantos se adentram nas tarefas socorristas pedindo novas mensagens espirituais, sem ao menos terem seguido as recomendações de outras tantas recebidas anteriormente!...

ᴄ

A capacidade mais importante na comunicação é saber ouvir. Às vezes, o sentimento é muito mais explícito, e, por isso mesmo, muito mais enfático do que as próprias palavras.

O dirigente espírita nunca deverá se apresentar com a "aura" da infalibilidade – qualidade ainda inexistente na Terra – , mas sim como um companheiro de serviço no bem, que usa sua experiência aliada às inspirações dos Espíritos Superiores.

*Q*uem fala, semeia algo no terreno da alma, e quem comanda ou dirige está fortalecendo a semeadura.

$\mathcal{E}$ncontramos pessoas que, quando elogiadas, pintam um quadro tão depreciativo de si mesmas, tentando criar uma suposta imagem de humildade, que quase chegam às raias do ridículo. Não devemos esquivar-nos ou menosprezar-nos; aceitemos e agradeçamos tal reconhecimento com naturalidade.

$\mathcal{V}$alorizar as qualidades e virtudes da mocidade é ceder-lhe espaço na seara do Mestre.

𝒫ara bem aconselhar, é preciso escolher o momento oportuno, utilizar termos claros e exatos, demonstrando coerência entre a orientação e a atitude adotada.

𝒪 problema da sublimação das almas é difícil de ser resolvido porque, quase sempre desviamos constantemente a atenção sobre nossas vidas para reparar e corrigir as dificuldades alheias.

𝒰semos todos os sentidos aliados à intuição. Prestemos atenção às palavras, ao volume e ao tom de voz da pessoa atendida. É preciso ir além da verbalização para compreender o conteúdo e a intenção do interlocutor.

𝒩ão devemos sublinhar os fracassos dos outros e os nossos, mas avaliá-los como proveitosas experiências adquiridas.

O fracasso ajuda a gerar o êxito. Aceitemos nossas perdas e jamais desanimemos ante o serviço do bem.

✧

Muitos dos operários cristãos apresentam bom desempenho no trabalho independente, mas poderão realizar melhor uma tarefa se contarem com o auxílio de outras pessoas operando em espírito de equipe.

Qualquer desarmonia interior transmitirá estados vibratórios destrutivos que atacarão naturalmente o cosmo fisiológico.

꩜

Os que lideram não devem olhar para trás o tempo todo, pois fica quase impossível caminhar com segurança e trabalhar para o engrandecimento da organização com os olhos voltados para antigos desentendimentos e dissabores.

Cada companheiro no serviço ativo espírita faz parte de um conjunto de peças, desiguais, porém interdependentes, que necessitam funcionar em harmonia para que se alcance o objetivo pretendido.

ೄ

A riqueza de Deus contém tesouros que representam as infinitas formas de proteger e impulsionar as criaturas ao burilamento e ao progresso.

Companheiros inconstantes e vacilantes assemelham-se às ondas do mar: são arremessados pelos ventos da instabilidade e atirados de um lado para outro.

༄

A oportunidade do líder do grupo é moldar a multiplicidade de aptidões em um efeito produtivo, com o qual cada membro consiga se identificar e, ao mesmo tempo, unir-se aos trabalhos do bem comum.

Unicamente a Luz Universal conhece a intimidade dos indivíduos e sabe tudo aquilo que lhes convém aprender e transformar.

※

Nos círculos de atuação que nos foi delegado, façamos o bem tanto quanto nos é possível, visto que o Divino Artesão espera que cumpramos a parte que nos cabe, executando a obra confiada em nossas mãos.

Quem nunca exerceu cargos de direção pode, por inexperiência ou motivos outros, extrapolar os limites de suas atribuições, visto que o perigo está nas paixões profundas do homem.

Lealdade é uma via de mão dupla. Se usarmos de engodo e astúcia para com nossos companheiros de ideal, certamente encontraremos dentro em breve tudo isso nos caminhos da vida.

*T*omemos o cuidado, para não manter nossos assistidos tão dependentes e retrógrados quanto no primeiro dia em que puseram os pés no grupo de auxílio. Sem estudar, sem progredir, sem alargar a visão diante da vida e da sociedade.

*Q*uando se removem dúvidas e incertezas, as pessoas se sentem mais aptas e tranqüilas para caminhar adiante.

A evolução é escada infinita. Não queiramos que os outros enxerguem a vida através de nossos olhos.

ᙠ

Seria razoável que, antes de tomarmos qualquer decisão de retirar-nos da obra, consultássemos o grupo, ou o seu dirigente, visto que seria deselegante de nossa parte desistir sumariamente, sem dar qualquer satisfação. É compreensível a desistência, mas os bons modos são imprescindíveis.

*J*esus Cristo, curou muitos enfermos, porém tinha a intenção de não apenas regenerar o veículo físico, mas, acima de tudo, queria que os doentes dessem manutenção à cura recebida, transformando suas atitudes e ampliando a luz do conhecimento.

*C*ombater a ignorância e acender as chamas da esperança nas almas deve ser a meta dos que dirigem e orientam.

𝒢eralmente, a falsidade e a adversidade, a deserção e a amargura não nascem de nossos rivais conhecidos, mas justamente daqueles que durante anos se nutriram conosco do mesmo pão e nas mesmas fontes da existência.

ᴄ

𝒫ara que um homem obtenha saúde, é preciso que entenda a lição oculta da moléstia. Para que obtenha bem-estar é imprescindível que reconquiste a serenidade.

Cada um possui em germe a habilidade ou capacidade de decidir por si mesmo seus embaraços e equívocos.

Criaturas buscam com freqüência médiuns e conselheiros para se esquivar da responsabilidade de agir por si mesmas, quando deviam trabalhar no sentido de suprimir os padrões negativos que cultivam na intimidade durante anos a fio.

É inata a capacidade de auto-compreensão, e Deus tudo pode, porém Ele espera que cada criatura se auto-realize usando sua própria vontade e cooperação.

O Senhor da Vida concede-nos no "presente" mudança e renovação, para que possamos libertar-nos da ignorância do "passado" e adquirir conhecimentos para o "futuro", rumo à ascensão espiritual.

𝒟evemos cultivar a independência, mas aceitar a liderança da equipe, respeitando a hierarquia. O fato de pensarmos livremente não deve anular a realidade de que estamos subordinados a um quadro de organização da Casa Espírita.

⁓

𝒪 verdadeiro insucesso reside em não tirarmos o devido proveito dos fatos para nosso desenvolvimento espiritual.

O esforço conjunto é indiscutivelmente a senha de acesso para as realizações produtivas.

✧

N as triagens da fraternidade, o orientador deve lembrar se de que a finalidade principal não é resolver o problema momentâneo ali apresentado, mas ajudar o irmão necessitado a obter independência e amadurecimento, para que aprenda a resolver outras dificuldades que possam surgir no futuro.

O Mestre não se encontra tão-somente nas tribunas, nos jornais ou nas salas de aula, mas acompanha com certeza os que servem um prato de sopa ou realizam os mais simples serviços de limpeza.

*U*m núcleo espírita cristão cresce quando todos se unem com a disposição de desenvolver suas habilidades, sem qualquer rigorismo ou imposições.

Expressar sentimentos de alegria e união compartilhados por toda a equipe é prática salutar que nunca deve ser abafada.

︶C

Uma grande orquestra necessita, além da competência de seu maestro, da cooperação e capacitação técnica de todos os músicos, para que possa executar com perfeição acordes melodiosos descritos nas pautas musicais. O conjunto depende das partes.

A autoridade que Jesus exerce é o poder de quem já aprendeu a unir-se aos outros, sem exigir de maneira autoritária que os outros gravitem em torno de seus passos.

A grande maioria das pessoas dirige-se à Casa Espírita em busca de curas ou de algo que lhe seja concedido sem qualquer esforço. Poucas aí comparecem com o propósito sincero de se renovar.

𝒟urante explicações nos eventos da Casa espírita, não fiquemos indignados com os outros por não compreenderem logo de imediato as orientações. Talvez nós mesmos não estejamos conseguindo nos comunicar claramente.

✼

𝒪s integrantes da equipe não devem estagnar-se; ao contrário, precisam dilatar seus horizontes mentais através da permuta intelectual com outras pessoas.

Nosso valor se encontra em nós mesmos, não no modo de ser que os outros esperam de nós.

Como dirigentes espíritas, podemos vir a ser classificados mais como críticos do que orientadores, mais como condenadores do que socorristas. Podemos vir a adotar uma postura que afastará as pessoas, evitando que nos procurem para relatar seus desenganos e pedir-nos aconselhamento.

*P*ara se conseguir sucesso nos labores da Casa Espírita é preciso que todos tenham uma visão claramente definida, apesar das particularidades individuais.

*M*uitos acreditam que, por levarem farnéis de pão na favela, falarem mansamente e repetirem sem ponderar ou questionar o que escutou na palestra ou leu na literatura, já estão transformados num protótipo de virtude cristã.

Na oficina do Bem, a mão operosa não somente cria uma biblioteca de obras espíritas, como também, forma e sustenta, paralelamente, uma sempre atualizada coleção de outros livros de pesquisa - sempre disponíveis a todos os interessados - sobre múltiplos assuntos filosóficos e científicos, com vista a ampliar o acervo cultural de seus associados.

*S*e a Misericórdia Divina alcança a todos nós, por que haveremos então de reativar uma atmosfera inquisitorial em relação ao comportamento daqueles que nos cercam a existência?

✲

*N*ossa ligação com os vegetais está enraizada nas bases primordiais de nosso psiquismo. Faz parte da nossa origem evolutiva; do desenvolvimento do princípio inteligente pelas vias da Natureza.

A assistência social é um meio, não o objetivo principal a que se propõe a tarefa espírita.

Palestras úteis nos levam a compreender o lugar onde estamos, perceber para onde caminhamos e por quê. Elas nos proporcionam uma perspectiva geral de tudo aquilo que nos dá um sentido existencial e nos guiará ao significado de nossa tarefa na vida.

Os orgulhosos quando se expressam, são exclusivos e absolutos em suas opiniões, acreditando que só eles têm o privilégio de reter a verdade absoluta.

⁊

As dependências de uma Casa Espírita devem apresentar um mínimo de adequação, harmonia e conforto, sobretudo em relação aos seguintes itens: espaço, ventilação, luz, temperatura, limpeza, mobiliário, utensílios e cores.

*M*uitos de nós atribuímos tudo o que não conseguimos compreender à influenciação de espíritos maléficos, e procuramos o inimigo na vida exterior, quando devíamos reconhecer nossa imaturidade.

*H*á exibicionismo no vestir, no falar, no escrever, no possuir, em se abraçar certas ideologias e, até mesmo, em realizar hipotéticas tarefas ditas "cristãs".

$\mathcal{O}$s moços são velhos espíritos que renascem com capacidade própria de sentir e pensar, empreender e construir. Todos nós somos filhos emancipados da Criação, buscando a Vida Abundante.

ᘒ

$\mathcal{N}$em sempre um ouvinte silencioso está aprendendo. O que de fato determina se a mensagem penetra na mente da criatura é seu grau de atenção, ou seja, a faculdade de raciocinar em ação.

A manifestação escrita ou falada é uma arte. Faz com que as pessoas compreendam sem trabalho ou esforço, antes com facilidade e prazer, o que se leu ou se escutou.

O comando do Bom Pastor não implica obediência impensada a que se ame o próximo. Ao contrário, sua liderança induz as pessoas a amar ao próximo espontaneamente.

No egoísmo, as mudanças podem ser boas para todo o grupo de ação cristã, mas, se não forem particularmente boas para nós, refutamos a elas.

ᭅ

A linguagem extensa e verbosa muitas vezes esconde a pretensão de querer passar por profunda e extraordinária, mas não atrai nem cria vínculos de aprendizagem.

Os companheiros que se fixam em si mesmos ou em seus próprios interesses acabam desprestigiando o grupo, por serem incapazes de ver além do seu proveito pessoal.

꿍

O olhar, a forma e o tom das expressões acentuam ou suavizam o sentido das frases, disseminando entendimento ou fomentando descontentamento.

$\mathcal{E}$is algumas sugestões que podem ser utilizadas pelos norteadores da Casa Espírita:

* encorajar a participação de todos, procurando não evidenciar defeitos, e sim estimular as virtudes em potencial do grupo;

* estabelecer uma base fraterna para os diálogos produtivos, a fim de que a associação possa desenvolver-se juntamente com o meio ambiente social onde atua;

* reorientar as opiniões que se baseiam unicamente em características individualistas, sem nenhum proveito para os interesses coletivos;

* criar um clima de liberdade de expressão evitando o infanticídio das novas idéias;

* conhecer os limites de sua própria autoridade, e agir de acordo com eles.

Av. Porto Ferreira, 1031	📞 17 3531.4444
Parque Iracema	🟢 17 99777.7413
CEP 15809-020	📷 @boanovaed
Catanduva-SP	
www.**boanova**.net	f boanovaed
boanova@boanova.net	▶ boanovaeditora

Acesse nossa loja

Fale pelo whatsapp